LE TEMPS DU CHANGEMENT

SYLVIE AYA ATTIA

TABLE DES MATIERES

INTRODUCTION

Que voyez-vous lorsque vous vous regardez dans le miroir?

Comment vous voyez-vous? Et comment voyez-vous les gens qui vous ressemblent?

Les réponses à ces questions sont très importantes pour comprendre les choses que vous faites.

Cela étant dit, changer la façon dont vous vous percevez peut avoir un impact significatif sur la façon dont vous vous comportez et traitez les autres.

Il existe une corrélation entre la façon dont on se perçoit et son comportement.

La façon dont nous nous percevons influence les décisions que nous prenons, et les décisions que nous prenons affectent notre vie quotidienne et celle des autres. En réalité, la plupart des gens qui ont une perception positive d'eux-mêmes ont tendance à être optimistes et à surmonter les épreuves. D'autre part, ceux qui ont une mauvaise opinion d'eux-mêmes ont tendance à être pessimistes et haineux.

A cet effet, le "Doll Test", une étude menée pour tester les perceptions raciales des jeunes enfants, a été réalisé avec un groupe d'enfants de race noire de moins de 12 ans. Chaque enfant a reçu trois poupées et devait choisir la plus belle. Cependant, la plupart ont opté pour des poupées qui ne leur ressemblaient pas; c'est a dire des poupées de couleur plus claire. Très triste, n'est-ce pas? Pourquoi ces enfants ont-ils l'impression que des poupées qui leur ressemblent ne sont pas aussi jolies que les autres? Comment sont-ils arrivés à cette conclusion?

La société, la culture, les expériences personnelles et les médias influencent souvent la façon dont nous nous percevons.

La plupart des gens utilisent des critères établis par un système qui peuvent ne pas refléter la réalité. Qu'est-ce que la réalité?

La plupart des philosophes définissent la réalité comme étant ce qu'une personne considère être vrai. La réalité d'une personne peut différer de celle d'une autre.

Nous vivons dans un monde rempli de haine, de division et de violence, peut-être parce que beaucoup de gens ont une mauvaise conception d'eux-mêmes.

Cette idée fausse, qui les pousse à se déprécier et à se discriminer les uns les autres, les divise davantage.

Tout cela doit s'arrêter si nous voulons vivre dans un monde meilleur. La division et l'ignorance sont les ennemis du progrès.

La connaissance est essentielle pour lutter contre la division et l'ignorance, car les gens ont généralement peur de ce qu'ils ne connaissent pas ou ne comprennent pas. Les différences ne sont pas toujours négatives. Elles peuvent en fait être bénéfiques si nous savons les exploiter.

Le monde est comme un jardin avec différentes plantes et fleurs. Chacune a un but précis.

Nous sommes différents à un ou plusieurs égards, mais cela ne devrait pas nous empêcher de nous accepter. Nous ne devons point juger, surtout quand personne n'a eu le choix de naître Africain, Européen, Afro-Américain, Antillais ou Asiatique,... C'était le choix et le dessein de Dieu pour chacun de nous. Il est injuste d'être en colère contre quelqu'un ou de détester les gens pour leur origine ou leur couleur de peau. Les gens ne devraient pas être blâmés pour les préjugés qu'avaient leurs ancêtres surtout s'ils ne suivent pas leurs traces.

Oui, il s'est passé tellement de choses. Beaucoup de choses abominables et douloureuses ont été commises. Tant de mal, tant de mensonges! Nous ne pouvons pas changer le passé, mais nous pouvons changer notre présent et notre avenir.

Il est très important de laisser le passé derrière soi et d'aller de l'avant, en veillant à ne pas répéter les mêmes erreurs. Et s'il vous plaît, gardons à l'esprit que tous les êtres humains sont égaux par principe ou par nature.

Personne ne devrait se sentir supérieur ou meilleur que quiconque, surtout pour quelque chose qu'il n'a pas mérité ou pour lequel il n'a pas contribué. C'est injuste et ça n'a aucun sens! Les gens dénigrent généralement les autres par manque de confiance. Il n'est pas nécessaire de prouver qui nous sommes lorsque nous sommes convaincus de notre identité.

Soyez heureux d'être qui vous êtes, quelle que soit votre couleur de peau ou votre origine.

L'IDENTITÉ

Tout le monde a besoin de connaître sa véritable identité.

La façon dont vous vous valorisez ou la façon dont les gens vous voient peut différer de votre véritable identité.

J'ai vu trop d'enfants de la diaspora prétendre être ce qu'ils ne sont pas. Ils ont dû travailler dur pour s'intégrer ou être acceptés par leurs pairs ou leurs camarades de classe. Pas facile pour eux! Pouvez-vous imaginer être constamment intimidé, ridiculisé ou mal jugé parce que vous êtes un peu différent?

Tant de personnes partout dans le monde sont maltraitées parce que de mauvaises identités leur ont été données.

En effet, une tendance troublante a émergé dans le monde entier, où d'innombrables personnes sont soumises à de mauvais traitements en raison de la fausse représentation de leur identité. Parmi les groupes qui ont subi le plus gros de cette injustice, figurent les personnes à la peau plus foncée qui ont été confrontées à des niveaux disproportionnés de discrimination et continuent de rencontrer d'innombrables obstacles.

La véritable identité est pertinente.

Le moment est venu de remettre en question les faux récits et les stéréotypes imposés à des individus spécifiques afin de briser ces chaînes d'ignorance et de confusion.

Il est très important de connaître notre véritable identité, surtout quand tant de mensonges ont été racontés concernant notre histoire, notre nature et notre raison d'être. Puisque tous les Noirs sont connectés à l'Afrique, la "Terre-Mère, une représentation fausse et pauvre de l'Afrique, donnerait une mauvaise image des Noirs. Être noir n'est pas une malédiction!

En fait, avoir la peau "noire" a ses avantages grâce à la mélanine. La mélanine est un pigment produit dans la peau, dans des cellules appelées mélanocytes; le principal déterminant de la texture des cheveux, de la couleur de la peau et des yeux. La mélanine préserve notre peau des rayons ultraviolets nocifs du soleil. Ce pigment protège également du cancer de la peau. Les différents degrés de couleur de l'épiderme sont dus à la quantité de mélanine, qui est naturellement stimulée une fois exposée au soleil.

La mélanine est importante. Certains scientifiques pensent même que la mélanine protège des pertes auditives précoces.

En fait, elle valait bien plus que l'or en novembre 2018.

Il y a tant à dire sur le pigment qui nous donne la couleur de notre peau. Nous devons embrasser notre nature et savoir que nous sommes des personnes spéciales.

Par contre, la mélanine peut maintenir les médicaments et autres substances chimiques dans les cellules pendant une longue période. En conséquence, les personnes à la peau plus sombre sont plus vulnérables aux drogues et à la nicotine que les personnes moins foncées.

Bon, assez parlé de mélanine! Ce que j'essaie de faire valoir, c'est qu'être "noir" est aussi beau que d'être d'une autre race. Et nous savons tous que de nombreuses personnes au teint plus foncé ont eu ou ont des moments difficiles à cause de leur apparence. Soyons réalistes! La beauté vient de l'intérieur.

Il est essentiel de connaître votre identité et de l'assumer. Tout a un but et une signification sur terre.

Beaucoup de gens font une crise d'identité. Ils pensent être ce qu'ils ne sont pas. Nous ne pouvons pas demander à un chat d'aboyer ou traiter un lion comme un chat, surtout lorsqu'il est affamé. Un chat n'est pas un chien ou un lion. Une sardine n'est pas un requin.

Chaque être vivant a un rôle spécifique à jouer dans le maintien de l'équilibre du monde. Si on prend l'exemple d'un cocotier, ce n'est pas dans sa nature de porter des fruits comme des baies ou des pommes. Aller à l'encontre de sa disposition naturelle peut conduire à un sentiment d'insatisfaction ou de mécontentement, car il n'a pas été conçu pour servir cet objectif.

Je ne saurais trop insister sur l'importance de connaître votre véritable identité.

Elle aura tendance à faire surface parce que c'est ce que vous êtes en réalité, et cela peut causer une confusion et de la frustration.

Pour remplir notre mission, nous devons savoir qui nous sommes.

Nous devons protéger notre patrimoine culturel qui définit notre identité.

L'histoire nous aidera à comprendre et à nous connecter à nos racines. D'où venons-nous? Qui sommes-nous?

L'histoire nous aide à mieux comprendre le présent et à apprendre des erreurs du passé. Mais nous ne devons pas nous attarder sur le passé. La vie est une continuité.

Chacun a une belle histoire à écrire malgré son origine "trafiquée".

L'HISTOIRE

Tous les êtres humains viennent d'Afrique, la "Terre-mère". Récemment, des scientifiques ont découvert que tous les êtres humains proviennent d'un couple, un homme et une femme, il y a des milliers d'années. Cette histoire d'amour s'est produite en Afrique, ce qui prouve que l'humanité a d'abord été de couleur foncée. Certains scientifiques ont également retracé les langues modernes du monde jusqu'à une seule langue, une langue ancestrale parlée en Afrique il y a des milliers d'années.

Tout a commencé en Afrique, même la vie ; L'Afrique a donné naissance à l'humanité. Cela ne fait aucun doute. La division et la haine doivent cesser. Il est temps de s'unir. La Terre-mère appelle ses enfants à la maison. La maison ne signifie pas nécessairement le continent physique, mais ceux qui veulent revenir sont les bienvenus. La maison signifie aussi l'Afrique dans son cœur, ce qui signifie être en paix avec qui vous êtes, vos racines et votre origine.

Pour progresser dans la vie, il est impératif d'avoir une compréhension claire de notre identité et de notre histoire.

Nos pensées et nos actions sont profondément enracinées dans le récit historique qui nous a été présenté. Étions-nous vraiment des sauvages ayant besoin d'être assujettis?

Il est crucial de reconnaître le fait que l'Afrique abritait plusieurs grands empires, dont l'Égypte avec ses magnifiques pyramides, et Tombouctou, qui était autrefois le centre de l'ancien empire du Mali et abritait l'une des premières universités du monde. Contrairement à la notion de sauvagerie, des personnes de diverses régions du monde se sont rendues en Afrique pour acquérir des connaissances et une éducation.

Nous ne pouvons pas nous unir si nous ne comprenons pas pourquoi il y a des divisions et des conflits parmi notre peuple. Pourquoi tant de haine envers notre peuple?

Ainsi, certains se détestent même au point de renier leurs racines. Incroyable! Ce n'est pas parce que certaines personnes ne vous aiment pas ou ne vous apprécient pas que quelque chose ne va pas chez vous! Les gens ont droit à leur propre opinion. Vous ne pouvez pas laisser la fausse opinion de quelqu'un d'autre vous affecter au point de vous rejeter vous-même. Dieu vous voit différemment. Il vous aime quels que soient votre sexe, votre origine et votre condition sociale.

Si vous ne vous aimez pas, ce à quoi vous ressemblez et ce à quoi vous vous identifiez, vous finirez par détester ceux qui vous ressemblent car ils reflètent ce que vous détestez, et toute cette haine conduira à des conflits et vous divisera.

Maintenant on comprend mieux ce qui se passe!

Une image négative de l'Afrique a été véhiculée.

L'intention derrière la diffusion d'une image fausse et manipulée de l'Afrique était de faire en sorte que les "Noirs" détestent qui ils sont. Plusieurs personnes ne veulent même pas être identifiées à notre "Terre-mère".

L'Afrique, berceau de l'humanité, a été victime d'une campagne vicieuse de diffamation. Notre terre bien-aimée a beaucoup souffert, perdant d'innombrables enfants dans les cruelles horreurs de l'esclavage, puis étant encore plus affaiblie par l'oppression de la colonisation.

La colonisation, c'est comme dire à quelqu'un qu'il n'est pas celui qu'il est supposé être: " Nous allons vous donner une nouvelle identité ", et c'est contre cela que l'Afrique se bat ; une nouvelle identité.

Une nouvelle identité pour l'Afrique signifiera aussi une nouvelle identité pour ses enfants. Mais quelle sorte d'identité? Personne ne doit changer l'identité de qui que ce soit; c'est une fraude. La raison pour laquelle vous existez est caché dans votre identité. Et si vous n'avez pas conscience de qui vous êtes, cela peut entraver votre capacité à atteindre votre destinée.

L'Afrique est la mère de l'humanité. La nature nous enseigne qu'une mère protège naturellement ses enfants et veille au bien-être de sa famille. L'archéologie et la plupart des livres religieux le prouvent. En effet, la Bible contient de nombreuses histoires sur les Israélites se rendant en Égypte pour s'approvisionner et se protéger.

L'Afrique a toujours été là pour l'humanité.

Si l'Afrique tombe, tout le monde et tout ce qui lui est lié tomberont également. Notre "Terre-mère" s'est battue pour rester en vie pour moi, vous et la race humaine.

Tant de secrets sont enfouis dans son sol; il y a beaucoup plus à apprendre sur notre histoire.

L'Afrique a besoin que nous soyons unis et forts.

LE PRESENT

J'ai remarqué que les "Noirs" sont les seuls à ne pas s'entraider, à l'exception de quelques-uns.

Il n'est pas nécessaire de rivaliser les uns avec les autres. Nous avons besoin les uns des autres. La nécessité de rivaliser les uns avec les autres vient d'une mentalité d'esclave. La mentalité a été conditionnée à penser qu'il n'y a pas assez pour tout le monde. Ainsi, nos peuples sont obligés de rivaliser les uns contre les autres pour survivre au lieu de travailler ensemble et être plus fructueux.

Nous devons nous libérer de cette mentalité de survie et embrasser l'abondance. Trouvez ce pour quoi vous avez été créé et faites-le. Chaque personne a un objectif unique à atteindre, et en collaborant, nous pouvons faire mieux . Malgré nos origines diverses, nous pouvons nous unir autour d'objectifs communs et minimiser nos différences. Plutôt que de nous concentrer sur ces dernières, nous devrions prioriser nos réalisations collectives. Pour y parvenir, nous devons accepter nos différences culturelles. Nous sommes différents, mais le même "peuple". Nous connaissons l'ancienne stratégie, "Diviser pour mieux régner", ou le célèbre verset biblique : "Toute ville ou maison divisée contre elle-même ne peut subsister". Nos différences ne doivent pas nous empêcher de travailler ensemble. En fait, nous devrions profiter de notre diversité.

Parfois, ce qui vous rend différent est ce qui vous rend unique. Tous les êtres humains sont spéciaux d'une certaine manière et doivent s'accepter malgré leurs soi-disant origines. Les gens devraient cesser d'associer la couleur noire aux choses négatives.

Le noir n'était pas associé à la mort avant l'esclavage et la colonisation dans la plupart des cultures africaines. Le noir était plutôt associé à des choses bonnes et divines. Chaque culture associe son dieu à la couleur de sa peau et à son apparence. Les gens doivent être capables de s'identifier au Dieu qu'ils adorent. Par conséquent, plusieurs récits religieux, œuvres écrites et œuvres d'art ont été modifiées pour se conformer aux normes culturelles et sociétales de la communauté qui les a adoptées.

Certains remettent en question la couleur de notre Messie, Yeshua, appelé Jésus dans de nombreuses cultures. Est-ce important? Je dirai oui et non. Non, la couleur de Yeshua n'a pas d'importance parce que nous adorons Dieu en esprit, et l'Esprit n'a pas de couleur. Cependant, la couleur de notre Messie est importante pour l'histoire et l'identité de certaines personnes.

Aujourd'hui, nous comprenons que beaucoup de choses ont été altérées et cachées pour maintenir certains d'entre nous dans l'ignorance. C'est pourquoi il est très important de se mettre ensemble et de partager des informations utiles. Nous pouvons apprendre les uns des autres.

Comment se fait-il que les Africains puissent être qualifiés de sauvages parce que, dans certaines parties du continent, les indigènes s'habillent à peine? Pouvez-vous les blâmer avec cette chaleur? Il est crucial de comprendre que les individus s'adaptent aux circonstances et à l'environnement dans lesquels ils vivent. Il serait absurde pour quelqu'un dans une région avec des températures supérieures à 90 degrés Fahrenheit (environ 32 degrés Celsius) de porter un pull ou un manteau.

Les disparités ne doivent pas nous empêcher de nous unir et de travailler ensemble. Notre Terre-mère est si belle, riche en cultures, croyances/traditions, communautés et ressources variées. En fait, l'Afrique est le continent le plus riche de la planète. Elle a tout ce dont le monde a besoin pour fonctionner correctement.

Malheureusement, une fausse image a été véhiculée, et aujourd'hui notre continent est associé à la pauvreté, à la laideur et à la violence.

Qu'allons-nous faire à ce sujet?

N'oubliez pas que si l'Afrique tombe, tout le monde et tout ce qui lui est lié tombe également.

27

AGIR

Nous avons pensé et fait les mêmes choses et obtenu les mêmes résultats. Il est temps de changer notre façon de penser et de faire les choses afin d'obtenir des résultats différents. L'Afrique et ses enfants se réveillent. Il est maintenant temps d'aller de l'avant avec notre véritable identité et de se débarrasser des mensonges répandus pour nous maintenir dans l'ignorance et dans la servitude.

J'encourage mon peuple à s'éduquer et à partager les bonnes informations afin d'être uni et non divisé.

Nous devrions commencer à nous voir comme un même peuple vivant dans différentes parties de la planète et ayant quelque chose de spécial à partager.

Les nations africaines ont besoin de dirigeants qui ont à cœur les intérêts de l'Afrique. Plus de compromis.

Oui, nous avons traversé beaucoup de choses, mais nous sommes toujours là et plus forts.

Il est temps de se lever et de prendre la place qui nous revient, et pour ce faire, nous devons nous aimer.

L'amour est puissant. Notre créateur nous a recommandé de nous aimer les uns les autres, mais comment pouvons-nous le faire si nous ne savons pas ce qu'est l'amour ou comment l'amour fonctionne?

Notre créateur parle d'amour désintéressé, altruiste, ce qui signifie "ne fais pas aux autres ce que tu ne veux pas qu'ils te fassent ou aime ton prochain comme tu t'aimes toi-même". Très puissant! L'unité sans amour est un frein à l'avancement; il sera donc impossible de construire ensemble.

Agir par amour désintéressé, c'est donner la priorité au bien-être de ceux avec qui vous vivez ou de votre communauté. Nos intérêts personnels seront satisfaits lorsque nous chercherons à satisfaire les intérêts d'autrui. Il y aura toujours quelqu'un pour veiller à ce qu'un autre réussisse. Et cela apportera plus de stabilité.

La meilleure façon d'y parvenir est d'avoir un objectif commun. Et notre objectif commun ici est ce qui nous rassemble. Ce que nous avons en commun nous rapprochera. Notre Terre-mère est la clé qui ouvre la porte de notre identité afin de s'accepter et s'aimer.

Comment quelqu'un peut-il aimer ceux qui lui ressemblent s'il n'aime pas ce qu'il voit dans le miroir?

Comment quelqu'un peut-il aimer des gens qui reflètent ce qu'il n'aime pas en lui-même?

Chaque fois que vous voyez quelqu'un qui vous rappelle une personne que vous n'aimez pas, vous aurez tendance à agir d'une certaine manière envers cette personne si vous n'êtes pas assez fort pour dissocier les deux. Cela peut être un peu difficile, mais avec une volonté et une détermination fortes, des ajustements peuvent être apportés au fur et à mesure que nous avançons. Nous devons surmonter les préjugés et les blessures du passé.

Surmonter les préjugés et les blessures passées peut poser un défi; cependant, nous pouvons apporter les changements nécessaires avec une constance et une persévérance inébranlables.

Si vous ne vous aimez pas vous-même ou les gens qui vous ressemblent, pourquoi voulez-vous que les gens vous aiment et vous traitent bien?

Quelle image montrons-nous au monde? Si nous voulons être aimés, nous devons commencer à nous aimer les uns les autres. Si nous voulons être respectés, nous devons commencer par nous respecter les uns les autres. Si nous voulons être acceptés, nous devons commencer à nous accepter les uns les autres. Nous devons changer notre façon d'agir.

Que voit-on autour de nous? Les gens d'une même

nation se battent les uns contre les autres en raison de différences tribales, religieuses, politiques et sociales. Ils se ressemblent tous, mais la haine est si intense qu'au lieu de s'unir pour construire, ils s'unissent pour combattre et détruire.

Cela ne nous mènera nulle part. La preuve est partout. Regardez ce que la haine et la division ont accompli jusqu'à présent dans la vie des gens!

Nous devrions nous rappeler que l'amour attire l'amour, le respect attire le respect et la haine attire la haine. Les gens récoltent ce qu'ils sèment.

Étant conscients de notre identité, nous devons apprendre à nous accepter et à nous aimer. Ce processus de guérison nous aidera à surmonter tout le mal fait à notre peuple.

Lorsque vous dites à un enfant ou à quelqu'un qu'il n'est pas assez intelligent ou beau, il finira par le croire et aura une très faible estime de soi. C'est, malheureusement, ce que la plupart des nations pensent de l'Afrique et des personnes à la peau foncée. Comment changer cela?

Premièrement, nous devons savoir qui nous sommes et notre propre histoire, puis accepter notre véritable identité afin de ne plus nous voir à travers les yeux et les critères des autres. Il est vital de renouer avec notre source et nos valeurs. Aucun arbre ne peut tenir sans racines dans une tempête. La tempête représente ce que beaucoup traversent dans la vie. Cela peut être l'injustice sociale, le racisme, la violence, les guerres, l'esclavage, la colonisation, la division, etc… .

UN OBJECTIF COMMUN

Il est possible de s'unir et de travailler ensemble tant que nous nous concentrons sur un objectif commun qui profitera à tous.

C'est comme un match de football, de basket-ball ou de baseball. Les supporters se rassemblent malgré leurs différences pour voir leur équipe gagner. Dans notre cas, l'Afrique est notre équipe, et notre objectif commun est la Renaissance africaine.

Nous pouvons au moins convenir que nous venons tous d'Afrique, en particulier ceux qui ont le plus de mélanine. Alors jouons ou travaillons ensemble pour que l'Afrique gagne. Certains sont joueurs, d'autres supporters. Il n'est pas nécessaire de faire partie d'une équipe pour être supporter. Certains peuvent vouloir être des supporters parce qu'ils détestent toutes les formes d'injustice ou sont des humanitaires, tandis que d'autres peuvent être des supporters parce qu'ils sont des croyants. Certains peuvent également vouloir soutenir la cause simplement parce qu'ils sont africains ou que leurs ancêtres sont originaires d'Afrique.

Quelle que soit la raison, vous voulez que la Terre-mère se lève et prenne la place qui lui revient.

Et si nous voulons que l'Afrique ait la place qu'elle mérite, certaines perceptions doivent changer.

Prenons deux enfants d'ascendance africaine que nous appellerons enfant 1 et enfant 2.

Nous enseignons à l'enfant 1 que ses ancêtres sont venus d'Afrique, un continent merveilleux avec des gens formidables, etc. Au milieu des conflits, beaucoup ont été expulsés de force de leurs foyers et, en raison d'un manque d'éducation adéquate, leur valeur en tant que trésors inestimables n'a pas été reconnue. Par conséquent, malgré leur beauté, leur force et leur caractère unique, ils ont été maltraités.

D'un autre côté, vous dites à l'enfant 2 que ses ancêtres sont venus d'Afrique, un continent "sous développé" et sale avec des gens non civilisés qui ont besoin d'aide. Certains ont été vendus par leurs propres frères, et ainsi de suite. Certaines personnes ont dit qu'ils étaient maudits et laids.

Comment pensez-vous que l'enfant 2 va se sentir? Sera-t-il fier de cette culture africaine? Je ne pense pas. Il essaiera de se séparer complètement de ces personnes laides et maudites qui ont vendu ses ancêtres, tandis que l'enfant 1 aura un intérêt particulier pour la culture de ses ancêtres d'Afrique. L'enfant 1 aura une meilleure estime de soi que l'enfant 2, surtout si ce dernier ressemble aux Africains.

Nous ne pouvons blâmer ni l'un ni l'autre. La plupart des gens ont tendance à essayer d'oublier les situations blessantes et honteuses ou à se déconnecter de la douleur. La plupart des gens veulent être acceptés. L'enfant 2 se déconnectera de l'Afrique pour être accepté. Avez-vous déjà entendu l'expression "Qui s'assemblent se ressemblent"? L'Afrique a été associée à une mauvaise et fausse image, ce qui a poussé de nombreuses personnes à rejeter tous ceux qui lui sont associés.

Quel genre d'histoire voulez-vous raconter à votre enfant? Quelle éducation voulez-vous que vos enfants reçoivent?

Il est temps de prendre notre destin en main. Nous sommes les ambassadeurs de l'Afrique dans le monde. Nous avons pour devoir de très bien représenter notre Terre-mère.

Nous devons raconter notre histoire et nous rééduquer en nous basant sur des faits réels. Il faut comprendre au lieu de juger. Nous devons accepter et non rejeter. Nous devons redéfinir la beauté et les valeurs.

Nous voyons Dieu dans ses créatures. Nous sommes tous beaux parce que nous sommes l'image de Dieu, et Dieu n'a pas de couleur. En fait, nous sommes des êtres spirituels vivant dans des corps physiques, qui nous relient à ce monde matériel. Nous avons été envoyés dans ce monde par Dieu selon la mission qu'Il veut que nous accomplissions. Notre corps est notre outil de travail. Rappelez-vous que la raison de votre existence est cachée dans votre Identité. Il est très important de ne pas juger ou maltraiter les gens en fonction de leur race, de leur tribu ou de leur origine. Quiconque fait cela se bat contre le dessein de Dieu pour cette personne. Les gens jugent Dieu en agissant ainsi, et Dieu a un objectif bien défini pour chacun. Nous sommes tous en mission spéciale. Nous devons juste découvrir quelle est cette mission. Quels que soient notre religion, notre race, notre sexe et notre origine, nous devrons rendre compte à notre créateur.

C'est pourquoi il est essentiel de connaître et de comprendre votre identité.

Nous devons nous entraider pour réussir au lieu de mettre des embûches sur le chemin des uns et des autres.

LE TRAVAIL EN ÉQUIPE

Le travail d'équipe est très important pour construire ensemble. Faire partie d'une société ne suffit pas pour atteindre un objectif commun. La plupart du temps, deux valent mieux qu'un, car diverses compétences sont utilisées pour booster la productivité. Mais travailler en équipe peut être assez difficile.

Certaines personnes sont des loups déguisés en brebis. Ils font semblant. Attention!

Sachez qui sont vos ennemis. Une race particulière n'est pas votre ennemie, pas plus qu'une tribu ou un pays. Votre ennemi est celui qui ne veut pas que vous réussissiez et vole votre paix. Il faut savoir choisir son équipe ou ses partenaires.

Vos ennemis ne sont peut-être pas aussi loin que

vous le pensez. Ils peuvent être dans vos maisons, vos écoles ou votre lieu de travail. Ils peuvent être là où vous vous y attendez le moins. Ils peuvent être partout. Faites attention! Ne partagez pas tout avec n'importe qui.

Les gens doivent mériter votre confiance. Vous devez sélectionner les personnes avec qui vous partagez les choses importantes. Certaines personnes sont des "tueurs de rêves". Ils donnent des conseils basés sur leurs peurs et leurs échecs. Soyez vigilants! La peur paralyse. C'est un ennemi de la croissance qui peut vous pousser à prendre des décisions irrationnelles.

Imaginez un enfant qui a peur de marcher parce qu'il est tombé une ou deux fois en essayant de faire ses premiers pas! La peur est un ennemi du destin. Non seulement cela vous arrêtera ou vous ralentira, mais cela affectera également votre santé physique. Un état d'esprit positif est indispensable. Soyez confiant!

Vous devez être entouré de personnes positives

car les humeurs et les mentalités sont contagieuses. Comme je l'ai dit plus tôt, les gens sont généralement influencés par ce qu'ils voient ou entendent. Donc, si vous voulez grandir dans un domaine particulier de votre vie, côtoyez des personnes qui peuvent vous apporter des connaissances.

Personne ne peut donner ce qu'il n'a pas.

Si vous voulez progresser dans un domaine particulier, trouvez des personnes qui ont réussi dans ce domaine. Ils peuvent vous fournir des informations précieuses sur leur parcours personnel et les obstacles qu'ils ont surmontés. En partageant leur point de vue en tant que vainqueurs, ils peuvent vous motiver et vous inspirer.

Voyez-vous, Un aigle qui passe trop de temps avec des poulets peut commencer à se considérer comme l'un d'entre eux.

Un poulet ne peut pas apprendre à un aigle à voler ou à être un aigle. N'oubliez pas que vous ne pouvez pas donner ce que vous n'avez pas. Vous devez être un atout capital pour votre équipe ou votre société. Tout le monde veut réussir, et le succès a certaines exigences.

LES VALEURS

Tout d'abord, il est essentiel de comprendre l'époque dans laquelle nous vivons.

Que fait-on dans une société où les choses progressent si vite?

C'est une nouvelle ère; la technologie est partout. Les nouvelles et les informations circulent plus rapidement qu'auparavant. Tous les aspects de la vie sont touchés.   Que pouvons-nous faire face à cela?

Les gens veulent les choses plus rapidement. Malheureusement, les personnes avec des mentalités corrompues veulent des choses plus rapides à tout prix avec moins ou pas d'effort.

C'est normal de vouloir les choses plus vite et mieux, mais pas à n'importe quel prix ou ou de n'importe quelle manière.

De bonnes valeurs sont fondamentales et déterminantes.

Vos valeurs déterminent votre façon de vivre et d'agir.

Comment définir la valeur?

La valeur est comme une maison construite sur un rocher. La roche doit être suffisamment solide pour maintenir la maison stable pendant une forte tempête. La maison peut être secouée mais ne tombera pas. Les gens peuvent être tentés de faire certaines choses ou d'agir d'une certaine manière dans les moments difficiles, mais avec des valeurs solides, ils resteront fidèles à l'éducation qu'ils ont reçue. Les valeurs sont enracinées dans l'éducation; ce qui façonne notre vision de la vie. Une éducation de qualité joue un rôle décisif pour bâtir des nations stables et prospères.

On ne peut pas parler de nations fortes sans parler du bien-être des familles.

Les parents et les communautés doivent faire leur part. Nous avons besoin de modèles et de bons leaders à la tête de nos communautés et de nos nations. Dans la plupart des cas, les dirigeants sont le reflet de leurs communautés, et les communautés sont le reflet de la plupart des familles qui les constituent. Pour ne pas dire moins, les enfants sont généralement le miroir de leurs familles.

Des familles confuses ou instables produisent souvent des communautés et des nations instables.

Pour surmonter ce défi, nous devons identifier notre fondation.

Quel est votre socle ? Quels fondements éducatifs soutiennent vos valeurs et votre vision du monde? Pour répondre à ces questions, nous devons reconnaître le rôle central que jouent les familles au sein d'une communauté.

Les gens interagissent les uns avec les autres car ils vivent dans le même environnement. En fait, il est difficile pour des personnes ayant des valeurs différentes de vivre en paix ou de construire ensemble. Ainsi, les établissements scolaires jouent un rôle essentiel. Par conséquent, l'importance des écoles est de donner une éducation et une compréhension communes afin de bâtir ensemble des communautés ou des nations fortes.

Les familles jouent également un rôle essentiel dans le système éducatif puisque les premières années de la vie d'un enfant sont considérées comme les plus cruciales, car la personnalité et le moral se forment principalement pendant cette période.

Des familles stables produisent des communautés plus saines et des systèmes plus solides.

Un bon état d'esprit (mindset) est très important. Les communautés ont besoin de modèles ou de personnes mûres, désireuses de former ou de transmettre leurs connaissances et leurs expériences aux générations futures et à toute personne désireuse de progresser.

Comment forme-t-on quelqu'un?

Il existe différentes façons de former une personne. L'éducation qu'un enfant reçoit à la maison est fondamentale. Les parents ont la responsabilité de donner à leurs enfants la meilleure éducation possible. Et pour ce faire, ils doivent fournir un environnement sûr et stable à leur famille. Il est vital pour un enfant de se sentir aimé et en sécurité. Les enfants apprennent beaucoup en observant, et les adultes doivent faire plus attention à ce qu'ils font ou disent autour d'eux. Ils doivent donc être protégés parce qu'ils sont plus vulnérables.

Les écoles jouent également un rôle essentiel dans le processus de formation. Les parents ne peuvent pas le faire seuls parce que leurs enfants font partie de la communauté dans laquelle ils vivent. Ils doivent apprendre à travailler avec les autres car ils suivent les mêmes règles et lois requises par le système pour bâtir une société saine.

Les règles et les lois sont faites pour que les gens puissent vivre ensemble dans une communauté où les habitants sont disciplinés et respectueux.

Mais tout commence à la maison.

La religion et les médias sociaux influencent aussi nos valeurs.

La religion affecte les perceptions et les comportements des gens. Il est bien de noter que la plupart des religions enseignent de bonnes valeurs.

Les médias sociaux influencent également la façon dont les gens perçoivent les choses. La nouvelle technologie, l'information, la musique et les divertissements atteignent nos foyers plus rapidement qu'auparavant et les enfants sont exposés à plus qu'ils ne le devraient. Nous devons nous adapter et aller de l'avant, sans oublier de protéger nos enfants.

UN SYSTÈME

Nous sommes victimes d'un système qui ne fonctionne pas pour nous; un système imposé ou hérité par l'esclavage et la colonisation. Nous ne sommes pas faits pour ce système. Qu'entendons-nous par "système"?

Un système peut être défini comme un mécanisme ou un ensemble de règles conçu pour atteindre un objectif; Les systèmes influencent la façon dont les gens voient le monde. Imposer un système particulier à des groupes, peut s'avérer difficile.

Ce qui se passe dans de nombreux pays africains prouve que le système ne fonctionne pas. Les guerres, les combats, les divisions et la haine affaiblissent notre Terre-mère. Trop de pouvoir est donné aux mauvaises personnes. Il faut arrêter de comparer l'Afrique aux autres continents. L'Afrique a ses propres histoires et réalités. Elle a été forcée d'adopter un système qui est étranger à sa culture, et sa progéniture suit maintenant des codes de conduite inconnus, difficiles et souvent mal interprétés. N'oublions pas qu'un grand nombre d'Africains vivant sur le continent ne sont pas "éduqués" ou formés pour ce nouveau système, et tout cela sème la confusion. L'Afrique s'est déconnectée de sa source, de son identité et de sa réalité. Personne ne peut s'adapter adéquatement s'il ne comprend pas vraiment ce qu'on attend de lui. La communication est essentielle et une bonne communication est basée sur le respect mutuel. Nous ne partageons peut-être pas toujours les mêmes avis, mais essayons au moins de respecter les opinions et les cultures de chacun.

Les personnes frustrées sont souvent susceptibles d'être plus violentes. Vous ne pouvez pas opprimer les autres et attendre d'être accepté ou de vivre en paix. Nous devons comprendre que les nations se sont construites sur des valeurs et des traditions différentes; les gens sont uniques. Nous devons accepter les différences au lieu de rejeter ce qu'on ne connaît pas. Ce système ne fonctionnera pas pour nous tant que nous serons déconnectés de nos valeurs et de nos cultures.

Pour éviter les conflits, un système qui fonctionne bien doit être fondé sur le respect de tous en s'acceptant mutuellement.

Nous ne nous attendons pas à ce que tout le monde nous aime, mais nous devons être respectés. Nous devrons être plus tolérants si nous voulons travailler et vivre ensemble.

Il est temps de changer les choses. À quoi les gens s'attendent-ils lorsqu'ils oppriment ou maltraitent les autres ?

LE RESPECT

Le respect est primordial. C'est un sentiment positif ou une haute estime envers quelqu'un, généralement suivi d'actions positives. Il est impossible de respecter quelqu'un ou quelque chose qu'on n'admire pas. Le respect de soi est une condition préalable au respect des autres. Personne ne peut offrir ce qui lui manque.

Le changement commence avec nous. Avant d'essayer de changer ou de juger les autres, nous devons d'abord nous examiner. Ne nous attendons pas à ce que les gens fassent ce que nous refusons de faire. Le changement demande des efforts, car il faut du temps et de la persévérance. Tout commence par une volonté. Nous choisissons de changer.

Il y a une différence entre le respect et la peur.

Le respect découle d'une admiration, tandis que la peur résulte d'une terreur.

L'admiration n'est pas l'amour mais peut conduire à l'amour. L'admiration est une émotion sociale ressentie en observant ou en entendant parler d'une personne ou d'une chose, tandis que l'amour est un fort sentiment d'affection envers quelqu'un ou quelque chose. Nous aimons généralement quelqu'un pour ce qu'il est et admirons quelqu'un pour ce qu'il fait.

Les gens peuvent ne pas vous aimer pour qui vous êtes à cause de votre origine, et ce n'est pas grave parce que vous ne pouvez pas changer votre ADN, mais vous pouvez changer la façon dont ils vous perçoivent.

Les gens respectent ce qu'ils admirent. Ne mendiez pas le respect. Vous l'obtenez pas par la force mais par le travail. Vos œuvres montrent qui vous êtes et ce que vous pouvez faire. Les anciens Égyptiens étaient tenus en haute estime pour leurs réalisations et, à ce jour, les pyramides continuent d'étonner les gens.

Votre travail prouve qui vous êtes, donc si vous voulez changer les choses dans votre vie, vous devez changer votre manière d'agir. Vous ne pouvez pas vous arrêter lorsque vos actions ne produisent pas le résultat que vous souhaitez. Avez-vous entendu parler du célèbre dicton: "Ceux qui gagnent n'abandonnent jamais, ceux qui abandonnent ne gagnent jamais"? Nous ne pouvons pas laisser le découragement ou la peur nous empêcher de progresser. Les gens sont généralement affectés par ce qu'ils voient ou entendent, et si nous voulons être respectés, nous devons commencer par savoir qui nous sommes tout en acceptant et aimant notre véritable identité. Les gens respectent et protègent ce qu'ils aiment.

Oui, en effet, ils se battent généralement pour ce qu'ils apprécient dans la vie. Nous devons protéger et chérir nos communautés et nos nations. Il est essentiel d'œuvrer pour la stabilité et le développement de nos pays.

Nous ne devrions pas toujours attendre que les gens fassent des choses pour nous. La main qui demande dépend de la main qui donne. L'indépendance, ou la liberté, commence par notre état d'esprit (mindset). En fait, la pauvreté est une mentalité. Une personne peut être entourée de richesses et être toujours pauvre. C'est une question d'état d'esprit.   Le changement commence de l'intérieur. Mais vous devez savoir ce que vous voulez.

Une vision claire vous aidera à avancer dans la vie. La confusion paralyse et empêche les gens de progresser. C'est une forme de servitude. Personne ne peut faire de progrès dans la servitude. De nombreux Afro-descendants sont confus parce qu'ils sont déconnectés de leur source et de leurs traditions. Porter les chaussures de quelqu'un d'autre peut ne pas vous aider à atteindre votre destination car les gens ont des objectifs différents. Ne pas être à sa place sème la confusion et chacun a une mission spécifique sur terre. Votre origine, votre culture et votre identité font partie de votre équipement pour accomplir cette mission.

Une image négative de vous-même est une autre forme de servitude. Pourquoi est-ce que je dis cela? Une perception négative de soi vous empêchera de vous réaliser. C'est pourquoi il est impératif de changer cette fausse et mauvaise image donnée à l'Afrique. L'Afrique, mère de l'humanité, est tout simplement incomprise. Accepter l'Afrique signifie accepter et embrasser votre vraie identité. Rejeter l'Afrique, c'est nier qui vous êtes. L'Afrique, c'est là où tout a commencé et finira.

L'Afrique est partout.

LA REPROGRAMMATION

Il n'est jamais facile de se reprogrammer. En fait, le changement peut être douloureux puisqu'il demande quelques sacrifices. En d'autres termes, changer les vieilles habitudes peut être difficile. Nous devons être prêts à apporter tout changement qui nous aidera à aller de l'avant.

Cela peut être inconfortable au début, mais vous devez être persévérant même si vous faites des erreurs en cours de route.

Tout le monde fait des erreurs. La différence est que certaines personnes apprennent d'elles, et d'autres non. Comment peut-on espérer des résultats différents en faisant la même chose avec la même mentalité?

Les mêmes causes produisent, la plupart du temps,

les mêmes effets.

Il est normal de faire des erreurs tant que nous apprenons. C'est ainsi que nous mûrissons et prenons de meilleures décisions dans la vie.

Les expériences influencent notre façon de penser et nos choix dans la vie.

Elles peuvent être positives ou négatives. Le plus important est d'appliquer efficacement ce que nous avons appris. Les expériences défavorables peuvent laisser de graves dommages qui peuvent entraver notre progression dans la vie.

Il est essentiel de ne pas laisser les expériences négatives ou les erreurs nous empêcher d'atteindre nos objectifs.

Malheureusement, certaines expériences désagréables peuvent laisser des blessures très profondes, qui peuvent prendre plus de temps à guérir et ralentir la croissance.

La guérison peut prendre du temps. C'est un processus. Les gens blessés blessent généralement les autres, à quelques exceptions près.

Il est important d'être en paix avec soi-même.

Être en paix avec soi-même signifie que l'on est sur la bonne voie. Trouver la raison de votre existence est primordial. Le succès est atteint lorsque vous remplissez votre mission sur terre.

Les décisions que nous prenons influencent notre vie et celle de ceux qui nous entourent. Au fur et à mesure que votre perception de la vie change, votre comportement changera également.

Les comportements peuvent être modifiés par la connaissance. Notre esprit fonctionne comme un ordinateur. Nous devons le déprogrammer et le reprogrammer.

Se reprogrammer peut être difficile, mais possible. Une forte volonté et détermination sont indispensables. Le reste suivra. N'oubliez pas qu'il y a un champion qui vit à l'intérieur de vous.

Nous devons nous reprogrammer, ce qui signifie avoir un état d'esprit différent. Pour avoir un nouvel état d'esprit, nous devons supprimer les choses inutiles ou l'ancienne mentalitéqui maintenait plusieurs en esclavage.

Qu'entendons-nous par servitude? La servitude est tout ce qui nous ralentit (à cause des chaînes) ou nous empêche d'être productifs et en paix. La prospérité ne tombe pas du ciel.

Nous devons être prêts à investir en nous-mêmes et viser l'excellence afin d'être plus fructueux. Il est primordial de se débarrasser de ces chaînes; de cette mentalité qui empêche le progrès. Le développement personnel est très important. Personne ne peut donner ce qu'il n'a pas. Il est très important d'ajouter de la valeur à soi-même, non seulement parce que le monde est aujourd'hui très compétitif, mais parce que nous voulons ajouter de la valeur. Les gens qui ne contribuent pas au bi-en-être collectif ne sont pas très appréciés. Nous vivons dans un monde qui valorise fortement les personnes qui peuvent apporter des compétenc-es. En un mot, vous devez faire votre part puisque vous faites partie d'une communauté. Les choses ne se passent pas comme ça, sauf les miracles. Et en tant que membre d'une équipe, vous voulez vous impliquer. Certaines personnes ne s'impliquent pas parce qu'elles pensent qu'elles n'ont pas grand-chose à apporter. Si vous ne vous valorisez pas, vous serez limité dans ce que vous pouvez faire. Regardez simplement en vous-même. Il y a quelque chose que vous faites naturellement, aisément et qui vous procure la paix. Quelque chose brûle peut-être en vous, mais vous hésitez parce que vous vous sentez incapable de le faire. Qui vous a dit que ce n'était pas pour vous? Vous n'êtes peut-être pas prêt, ce qui ne veut pas dire que ce n'est pas pour vous. Soyez prêt. Battez-vous pour ce que vous croyez. Laissez votre rêve devenir une réalité, sinon, vous ne vous sentirez pas accompli. Trouvez votre mission divine sur terre. Il y a quelque chose en vous qui est utile pour votre foyer, votre famille, votre communauté et votre nation.

Comprendre votre rôle et ce qu'on attend de vous pour avancer vers un but commun est important.

Nous devons avoir un objectif commun pour avancer ensemble; sinon, des complications telles que la division et les conflits peuvent survenir.

"Personne ne peut suivre deux maîtres. Deux personnes ne peuvent pas marcher ensemble à moins qu'elles ne se soient accordées. Une personne irrésolue ne peut rien recevoir de Dieu". Certains livres religieux enseignent même cette vérité fondamentale sur l'Accord. La confusion et la division empêchent les gens d'atteindre un objectif commun ou de vivre en paix ensemble.

Ensemble, nous pouvons construire des nations plus fortes, malgré nos croyances religieuses, nos différentes classes sociales et nos origines.

Nous vivons ensemble, alors faisons en sorte que les choses fonctionnent bien pour le progrès.

Il est temps de changer!

CONSEILS PRATIQUES/ CONCLUSION

Sachez ce que vous voulez dans la vie et avancez. Planifiez en conséquence. Il sera difficile d'atteindre vos objectifs sans plan. Ne faites pas les choses simplement pour les faire ou parce que cela fonctionne bien pour quelqu'un d'autre. Vous n'avez peut-être pas le même but dans la vie. Trouvez ce qui fonctionne bien pour vous. Soyez original. Connaissez-vous vos talents, dons et qualités? Vous devez être doué pour quelque chose! Trouvez la! Il y a quelque chose qui vient naturellement. Qu'est ce que vous aimez faire? N'oubliez pas qu'il y a un champion qui vit en vous! Laissez-le s'exprimer!

Restez concentré. La distraction peut vous empêcher d'atteindre vos objectifs au temps convenu et le temps est précieux. Tout a un temps et une saison. Vous devez discerner dans quelle saison de votre vie vous vous trouvez. Qu'est-ce que je veux dire par là?

Ne vous attendez pas à récolter lorsqu'il est temps de semer. Cela peut être un moment de votre vie où vous avez besoin de vous reconstruire ou d'acquérir plus de connaissances avant de vous lancer dans un domaine ou une situation particulière. Cela peut aussi être un moment où vous avez besoin d'être seul pendant un petit moment pour entendre la voix de Dieu, vous recentrer ou guérir. La guérison est essentielle. La plupart des gens blessés blessent les autres. La douleur peut brouiller votre vision et affecter les décisions que vous prenez. La douleur peut aussi mener une personne à avoir peur d'agir; ce qui peut la paralyser. Oui, avoir peur de reprendre ce qui n'avait pas marché. Ce n'était peut-être pas le bon moment pour ça. N'ayez pas peur de refaire confiance ou de recommencer! La guérison est un processus, et cela demande du temps. Assurez-vous de bien guérir avant de vous lancer dans quoi que ce soit d'autre trop tôt. Prenez votre temps pour bien faire les choses.

Ne soyez pas intimidé par les autres. Peu importe ce qui s'est passé auparavant, gardez la tête haute. Ne vivez pas dans le passé. Le passé est derrière. Que faites-vous aujourd'hui? Travaillez sur vous-même et construisez votre avenir avec sagesse.

Cultivez un bon état d'esprit pour réussir. Ne cherchez pas toujours les erreurs dans la vie des gens ou ne soyez pas un chercheur de fautes. Blâmer quoi que ce soit ou les autres pour ne pas avoir fait ce que vous savez que vous êtes censé faire ne vous mènera pas très loin. Trouver des excuses pour avoir échoué ne vous aidera pas beaucoup non plus. D'un autre côté, un état d'esprit victorieux vous aidera à surmonter tous les obstacles et oppositions auxquels vous pourriez être confronté. Certaines situations sont parfois là pour vous rendre plus fort et plus sage. Ayez la bonne attitude et faites confiance à Dieu.

Que voyez-vous lorsque vous vous regardez dans un miroir?

Faire la même chose produit les mêmes effets.

Nous devons cultiver un état d'esprit positif pour construire des nations solides et saines. Il est temps de changer notre façon de penser et de faire les choses. Il est temps de se lever et de briller. Il est temps de se reconnecter à nos racines et de laisser rayonner notre identité. Chacun a une tâche précise à accomplir. Nous devons juste trouver notre mission - oui, une tâche particulière, et nous devons la trouver pour rester connecté à notre raison d'être. Notre créateur ne fait aucune erreur. Nous devons aussi être plus tolérants les uns envers les autres et accepter de travailler avec nos différences; cela nous rendra plus forts. Avouons-le! Nous avons besoin les uns des autres, alors prenons des décisions sages et positives.

Que voyez-vous lorsque vous vous regardez dans le miroir?

Il est temps de changer!

NOTE

NOTE

73

NOTE

NOTE

75

NOTE

NOTE

NOTE

NOTE

NOTE